POUR LA JEUNESSE DE NOS ÉCOLES

La
Cité Universitaire
de Paris

PARIS
IMPRIMERIE ET LIBRAIRIE CENTRALES DES CHEMINS DE FER
IMPRIMERIE CHAIX
SOCIÉTÉ ANONYME AU CAPITAL DE TROIS MILLIONS
Rue Bergère, 20
1925

La
Cité Universitaire
de Paris

PARIS
IMPRIMERIE ET LIBRAIRIE CENTRALES DES CHEMINS DE FER
IMPRIMERIE CHAIX
SOCIÉTÉ ANONYME AU CAPITAL DE TROIS MILLIONS
Rue Bergère, 20
1925

La

Cité Universitaire

de Paris

1

Comment est née la Cité universitaire.

Onze mille étudiants, dont onze cents étrangers, étaient inscrits en 1900 à l'Université de Paris. Leur nombre dépasse aujourd'hui vingt-deux mille, dont trois mille trois cents étrangers.

Ces chiffres attestent l'élan croissant de la jeunesse française vers les études supérieures et l'attrait qu'exerce notre grande Université sur la jeunesse des autres pays.

Une question se pose alors : comment vivent ces jeunes gens à travers les difficultés matérielles de l'heure présente? Ils vivent mal; exception faite pour quelques-uns, issus de la grande bourgeoisie, nos étudiants sont de familles pauvres, ou de familles d'« anciens riches ». Et nombre d'entre eux, pour boucler leur petit budget, sont obligés de trouver dans des travaux mercenaires les quelques centaines de francs que des parents, aux prises avec la gêne, ne peuvent plus leur envoyer chaque mois.

Cependant, il en est peut-être parmi eux dont le nom, dans cinquante ans, sera aussi glorieux que celui de Pasteur, de Berthelot, ou de Renan.

Qu'un tel état de choses se prolonge ou s'aggrave, et l'avenir de l'intelligence française peut en être assombri, sa primauté diminuée. Qui sait si, à la longue, l'ordre social de ce pays n'en serait pas troublé !

II

Un homme de grand cœur s'est rencontré, qui a voulu attaquer de front ce problème. Comprenant que la question essentielle pour l'étudiant, comme elle l'est, hélas, pour tous les Français, était la question du logement, il a offert à l'Université de Paris la somme de dix millions de francs, pour héberger la jeunesse studieuse et pauvre, sous la seule condition que les pavillons destinés à recevoir trois cent cinquante étudiants seraient édifiés sur les terrains des fortifications du boulevard Jourdan, à la hauteur du parc Montsouris, dans le quartier le plus sain et le plus aéré de la capitale, que la ligne électrifiée du chemin de fer de Sceaux mettra à quelques minutes de la rue Soufflot et des Facultés.

Cet homme, dont il faut autant admirer l'initiative que louer la générosité, était M. Émile Deutsch de la Meurthe.

Son ami, M. Appell, recteur de l'Université de Paris, jouant en cette occasion le rôle d'un conseiller averti, saisit de la question le ministre de l'Instruction publique qui en aperçut aussitôt l'intérêt, et lui donna une ampleur inattendue.

Dans sa pensée, l'œuvre que voulait fonder M. Émile Deutsch de la Meurthe devait être le point de départ d'une croisade en vue d'améliorer les conditions morales et matérielles d'existence pour l'élite de la jeunesse.

Un programme s'élabora...

Et quinze mois après que les intentions de M. Émile

Deutsch de la Meurthe avaient été portées à la connaissance du Gouvernement, la loi du 27 juin 1921 décidait : 1° le rachat par l'État à la Ville de Paris de 28 hectares de terrains des fortifications et de la zone; 2° la cession gratuite par l'État à l'Université de ces terrains, pour loger des étudiants « dans les meilleures conditions de vie matérielle et morale » (article 1er de la loi), et pour être aménagés en vue des jeux et des sports.

La loi prenait acte en même temps de l'engagement souscrit par la Ville de Paris de mettre en état ces terrains, et en particulier de créer un parc.

... La Cité universitaire était née.

Dans la pensée de son créateur, dans l'intention de l'État, de la Ville et de l'Université, elle devait s'ouvrir à la jeunesse de tous les pays. L'élan donné par M. Émile Deutsch de la Meurthe devait entraîner d'autres initiatives françaises et étrangères, et permettre de peupler peu à peu la ville nouvelle. Ainsi se développerait entre jeunes gens venus de toutes les parties du monde, cet esprit confraternel, né de la camaraderie dans le travail et le jeu, qui donne son sens le plus élevé au mot « international ». Ainsi serait rendu à la plus ancienne Université du monde, ce caractère d'universalité dans le recrutement des élites, qui fit sa gloire dès le xiie siècle.

Quatre ans après le vote de la loi du 29 juin, il est permis de dire que cette magnifique espérance est en voie de réalisation.

Citons quelques faits :

a) La fondation Émile Deutsch de la Meurthe a été inaugurée le 9 juillet dernier par le chef de l'État;

b) Un don de cinq millions à l'Université de Paris de M. et Mme Biermans-Lapotre, amis de la France et de la culture française, a été fait pour construire une maison destinée à deux cents étudiants belges. Cette maison sera ouverte en 1926;

c) Un don de deux millions six cent mille francs du sénateur WILSON, au nom des amis canadiens de notre Université, a été fait pour construire une maison où seront reçus cinquante étudiants canadiens, de langue française et anglaise, choisis de préférence parmi les jeunes gens se destinant à la carrière de l'enseignement. Cette maison sera également ouverte en 1926 ;

d) Un don de un million de M. BEMBERG, citoyen argentin, et un don de deux cent cinquante mille francs de la colonie argentine de Paris ont été faits pour construire deux pavillons destinés à recevoir cinquante étudiants argentins ;

e) Une souscription s'élevant à ce jour à douze cent mille francs, de l'Association des anciens élèves de l'École Centrale, a été ouverte pour construire une maison destinée à cent soixante-dix élèves de l'École. La concession du terrain à l'Association intéressée a été accordée récemment ;

f) Une somme de un million de francs va être consacrée par l'Institut agronomique à la construction d'un pavillon de cent chambres pour les élèves de l'Institut ;

g) Un groupe de professeurs des États-Unis d'Amérique — pays dont les installations universitaires offrent des modèles à la vieille Europe — vient de demander une option pour un terrain sur lequel serait édifié le « Home » des étudiants américains ;

h) Des pourparlers en vue du même objet sont en cours avec des groupements suisses, hollandais, espagnols, cubains, et paraissent devoir aboutir à bref délai.

III

Pourquoi est née la fondation nationale.

La Cité universitaire est née, a-t-on dit.

Mais la tâche de l'Université commence à peine.

Deux grands devoirs s'imposent à elle :

1° Organiser et gérer les services communs de cette petite ville, qui comptera sous peu quatre mille habitants ;

2° Continuer, d'après un plan plus modeste, l'initiative de M. Émile Deutsch de la Meurthe, en augmentant progressivement le nombre des logements pour des étudiants français.

1° *Services communs.* — Pour répondre à la pensée de ses créateurs, la Cité universitaire doit être une sorte de phalanstère. Dans chaque fondation française ou étrangère, l'étudiant aura son logement. Mais c'est au dehors, dans les services généraux de la Cité, qu'il trouvera le restaurant — qui doit être assez grand pour servir mille repas en même temps — les bibliothèques, les salles de réunion, de récréation et de musique, les lieux, en un mot, dans lesquels s'écoulera sa vie, en dehors du temps consacré aux cours et aux conférences. Ces locaux dont le parc de la Cité, les terrains de sports et de jeux formeront le cadre, seront vastes et aérés, à l'image de certaines grandes universités anglaises et américaines.

Il y a lieu de prévoir, en outre, une infirmerie et, si c'est possible, un petit hôpital.

Ces services communs une fois organisés, il faudra les gérer. Le moins qu'on puisse en dire, c'est que leur administration sera complexe, difficile même, et onéreuse, étant donné surtout que les prix du restaurant seront aussi peu élevés que possible.

2° Constructions nouvelles pour des étudiants français. — La Cité universitaire s'étend sur 28 hectares, dont 19 hectares destinés au parc, aux sports et aux jeux, et 9 hectares destinés à l'habitation, ainsi qu'aux services communs énumérés ci-dessus.

Dans les constructions achevées, en cours, ou pour lesquelles les crédits nécessaires sont déjà obtenus, mille étudiants sont assurés dès maintenant de trouver un gîte, dont six cents français et quatre cents étrangers.

Mais les fondations étrangères vont se multiplier. Et la proportion ci-dessus, si désirable qu'il soit *à tous égards* de la conserver, ne sera maintenue que si nos compatriotes, collectivités ou individus, apportent leur aide à l'Université de Paris dans cette entreprise d'intérêt national, qui est de faciliter la formation de nos élites intellectuelles.

A cette entreprise pour le logement de l'étudiant, comme à celle des services communs, on aime à penser que des concours viendront, non seulement du ressort de l'Université de Paris, mais aussi de la France entière.

Quelque intérêt que puisse en effet présenter la création d'œuvres analogues dans nos Universités de province, l'Université de Paris comptera toujours de nombreux étudiants venus de nos plus lointains départements. Paris est en outre le centre unique de nos grandes écoles spéciales. Pour ne parler que des élèves externes de celles-ci, leur nombre dépasse cinq mille.

Quoi qu'il advienne de ces « anticipations », le champ est largement ouvert, on le voit, aux initiatives généreuses.

A. Guéritte, architecte.

MAISON DES ÉTUDIANTS BELGES (FONDATION BIERMANS-LAPÔTRE)

IV

Comment elle peut réaliser son programme.

Comment mettre en œuvre un programme qui, en ce qui concerne les seules dépenses de premier établissement, coûtera peut-être dans sa totalité quarante millions de francs?

L'Université de Paris est sans ressources, et vit sur le budget de l'État.

Le budget de l'État est lourdement obéré.

Seuls les particuliers qu'intéressera l'œuvre de la Cité universitaire, peuvent fournir les sommes nécessaires.

Ce seront des Français; ce seront aussi des étrangers amis de la culture française, qui donneront pour leurs compatriotes, puisque les services communs, énumérés plus haut (dépenses de premier établissement et dépenses de fonctionnement) seront gérés par la Fondation nationale dans l'intérêt de la Cité tout entière.

Mais, pour réunir des sommes aussi importantes, il faut solliciter avec persévérance, avec énergie. Et l'Université de Paris est trop grande dame pour tendre la main.

Elle est, d'autre part, un service d'Etat. Si elle exploitait elle-même ce nouveau champ offert à son activité, elle ne pourrait agir qu'en conformité des règles compliquées imposées à l'Administration des services de l'État.

Trois amis de l'Université, séduits par la beauté et la difficulté de l'entreprise, ont fait alors à M. le recteur Appell des propositions tendant à :

1º Créer un organisme privé, c'est-à-dire susceptible de fonctionner avec la souplesse désirable, doté de la personnalité civile, c'est-à-dire apte à tous les actes d'administration, qui agirait comme mandataire de l'Université, c'est-à-dire dans son intérêt exclusif et sous son contrôle:

2° Confier par contrat à cet organisme la double mission dévolue à l'Université, étant entendu qu'il s'efforcerait tout d'abord de réunir les fonds nécessaires à l'exécution du programme.

Par délibération du Conseil de l'Université, en date du 23 février, ces propositions ont été acceptées, ainsi que le texte du projet de contrat (annexe II) à intervenir entre l'Université d'une part, et MM. André Honnorat, David Weill et Jean Branet d'autre part.

Le 6 juin dernier, au vu des premières souscriptions recueillies, le Conseil d'État reconnaissait d'utilité publique *la Fondation nationale pour le développement de la Cité universitaire* (annexe I), dont le projet lui était présenté par les trois personnes ci-dessus.

Le 20 juillet, le contrat par lequel l'Université subroge tous ses droits et tous ses devoirs dans le domaine de la Cité universitaire à la Fondation précitée était définitivement signé par M. le recteur Appell et par les représentants de la nouvelle Fondation.

Conclusion.

De cet exposé, le lecteur est prié de retenir ce qui suit :

1° Une œuvre d'un intérêt vraiment national sollicite son concours ;

2° Cette œuvre *indépendante des organisations françaises ou étrangères, nées ou à naître* dans la Cité universitaire, œuvre dont l'objet cependant se superpose au leur, a besoin de beaucoup d'argent.

Il est prié, en outre, de se rappeler que tout don, tout

legs, fait à l'Université de Paris à charge d'en utiliser le montant à l'œuvre de la Cité universitaire, sera exempt des lourdes taxes de transmission qui pèsent aujourd'hui sur l'héritage, parce que l'Université est un établissement public de l'État (voir annexe III).

Les premières souscriptions recueillies principalement dans les milieux financiers s'élèvent à ce jour à DEUX MILLIONS DEUX CENT MILLE FRANCS.

Ce chiffre sera sans doute bien vite dépassé. L'œuvre est trop belle, trop haute, pour ne pas attirer à elle tous les cœurs généreux.

Octobre 1925.

Fondation Nationale pour le Développement
de la
Cité Universitaire de Paris

COMITÉ DE DIRECTION

Président :

M. André Honnorat, sénateur, ancien ministre.

Vice-Présidents :

MM. David Weill, banquier;

Marcel Delanney, ambassadeur de France, ancien préfet de la Seine.

Secrétaire :

M. Jean Branet, conseiller d'État honoraire.

Membres :

MM. le Recteur de l'Université;

Gabriel Cordier, régent de la Banque de France;

Henri Goldet, ingénieur E. C. P., vice-président de la Fondation Émile et Louise Deutsch de la Meurthe;

Roger, doyen de la Faculté de médecine;

Honorable Philippe Roy, commissaire général du Canada en France.

PLAN D'ENSEMBLE DE LA CITÉ UNIVERSITAIRE
(Les Maisons d'étudiants en cours de construction ne sont pas indiquées)

Fondation Nationale pour le Développement
de la
Cité Universitaire de Paris

GRAND CONSEIL

MM. les Membres du Comité de direction ;

et MM. Coville, directeur de l'Enseignement supérieur ;

Béhal, professeur à la Faculté de pharmacie ;

Caullery, professeur à la Faculté des sciences ;

Gallois, professeur à la Faculté des lettres ;

Teissier, professeur à la Faculté de médecine ;

Truchy, professeur à la Faculté de droit ;

Gattino, président de l'Association générale des étudiants ;

Mlle Marie, MM. Alricq, Bloch, Auscher, membres de l'Association générale des étudiants.

MM. Guillet, représentant de la Fondation de l'École Centrale ;

Le colonel Preudhomme, représentant de la Fondation Biermans-Lapotre.

Bacri, représentant de MM. de Rothschild ;

Guebhard, représentant de M. le Gouverneur de la Banque de France.

N. B. — Toute personne qui participera pour une somme supérieure à cent mille francs, et libre de toute charge, à l'œuvre entreprise par la Fondation, recevra le titre de membre à vie du Grand Conseil (art. 2 des statuts).

STATUTS

de la Fondation Nationale pour le Développement de la Cité Universitaire.

RECONNUE D'UTILITÉ PUBLIQUE

(DÉCRET DU 6 JUIN 1925).

BUTS DE L'ŒUVRE

ARTICLE PREMIER.

L'établissement dit : « Fondation nationale pour le développement de la Cité universitaire de Paris », créé par MM. HONNORAT, BRANET et DAVID WEILL, a pour objet :

1º De réunir les ressources nécessaires tant pour la construction, l'aménagement et l'exploitation des divers services d'intérêt commun de la Cité universitaire que pour la construction, l'aménagement et l'exploitation des nouvelles maisons d'étudiants de nationalité française à édifier sur le terrain de ladite Cité ;

2º De donner son concours à l'Université pour l'administration de la Cité universitaire.

Elle a son siège à Paris.

ADMINISTRATION ET FONCTIONNEMENT

ART. 2.

La Fondation est représentée par un Comité de direction et un Grand Conseil.

A) Le Comité de direction se compose de six membres au moins et neuf membres au plus, savoir :

a) Le recteur ou son délégué, membre de droit ;

b) Un délégué désigné par le Conseil de l'Université ;

c) Un délégué désigné par les différents organismes autonomes français et étrangers de la Cité universitaire, pourvus d'un Conseil spécial;

d) Trois délégués désignés par le Grand Conseil.

Les trois fondateurs font partie de droit du Comité. Ils ne seront pas remplacés à leur décès.

Les membres désignés par les divers conseils sont élus pour trois ans. Ceux de la catégorie *d)* sont également élus pour trois ans. Lors des premiers renouvellements, les noms des membres sortants seront désignés par la voie du sort.

Les membres du Comité de direction sont rééligibles.

B) Le Grand Conseil se compose de trente membres, savoir :

a) Les membres du Comité de direction;

b) Un représentant du Ministère de l'Instruction publique;

c) Cinq délégués élus par le Conseil de l'Université;

d) Cinq délégués élus par les Conseils d'administration ou les Comités de direction des Associations d'étudiants de Paris, reconnues d'utilité publique, proportionnellement au nombre de leurs membres titulaires, versant régulièrement leur cotisation;

e) Un représentant de chacun des organismes autonomes français et étrangers de la Cité universitaire;

f) Toute personne qui participera pour une somme supérieure à cent mille francs et libre de toute charge à l'œuvre entreprise par la Fondation et qui recevra le titre de membre à vie.

Le nombre des membres du Grand Conseil pourra être augmenté, s'il y a lieu, d'un nombre égal à celui des membres à vie.

Les délégués prévus aux paragraphes *b)*, *c)*, *d)*, *e)* sont nommés pour cinq ans, et renouvelés par cinquième chaque année, dans leur catégorie.

Lors des premiers renouvellements, les noms des membres sortants sont désignés par la voie du sort.

Ils sont rééligibles.

En cas de décès ou de démission d'un membre du Comité de direction ou des catégories *b)*, *c)*, *d)*, *e)* du Grand Conseil, il sera pourvu à son remplacement dans les deux mois. La durée des fonctions de ce nouveau membre prend fin à l'époque où aurait normalement expiré le mandat de celui qu'il remplace.

ART. 3.

Toutes les fonctions de membre du Comité de direction et du Grand Conseil sont gratuites.

Art. 4.

Le Comité de direction se réunit au moins tous les deux mois et chaque fois qu'il est convoqué par son président ou sur la demande du tiers de ses membres.

La présence de la moitié au moins de ses membres en exercice est nécessaire pour la validité de ses délibérations.

Il est tenu procès-verbal de ses séances.

Le Comité de direction remplit les fonctions de bureau du Grand Conseil.

Il instruit toutes les affaires soumises au Grand Conseil et pourvoit à l'exécution de ses délibérations.

Art. 5.

Les délibérations relatives à l'acceptation des dons et legs, aux acquisitions, échanges et aliénations de valeurs dépendant de la dotation, prêts hypothécaires, emprunts, constitutions d'hypothèques et baux de plus de dix-huit ans ne sont valables qu'après l'approbation du Gouvernement.

Art. 6.

Le Comité de direction élit tous les ans parmi ses membres, après son renouvellement partiel par le Grand Conseil, un bureau composé d'un président, deux vice-présidents, un secrétaire.

Les dépenses sont ordonnancées par le président du Comité de direction.

La Fondation est représentée en justice et dans tous les actes de la vie civile par le président.

Un agent comptable désigné par le Comité de direction encaisse les recettes et acquitte les dépenses.

Art. 7.

Le Grand Conseil se réunit au moins une fois par an. Il peut toujours être convoqué par son président ou sur la demande du quart de ses membres.

Son ordre du jour est réglé par le Comité de direction. Il délibère sur les propositions qui lui sont faites par lui.

La présence du tiers au moins de ses membres est nécessaire pour délibérer valablement.

RESSOURCES ANNUELLES ET DOTATION

Art. 8.

La dotation de l'Établissement est représentée par : 60 (soixante) actions Société algérienne d'éclairage et force, 100 (cent) actions Est-Lumière, 25 (vingt-cinq) actions Tramways et éclairage électrique de Shangaï, 20 (vingt) actions Banque nationale d'Égypte, 50 (cinquante) actions Crédit foncier de France, s'élevant, d'après le cours moyen de la Bourse officielle du marché de Paris du lundi 2 mars 1925, à la somme de deux cent cinquante et un mille huit cent soixante-quinze francs, et déposée par M. David Weill à la Banque Lazard frères et Cⁱᵉ, 5, rue Pillet-Will, sous le dossier de la Fondation.

Art. 9.

Les ressources annuelles de la Fondation se composent :
1º Des revenus de la dotation ;
2º Du montant des souscriptions qui peuvent lui être versées ;
3º Des subventions qui peuvent lui être accordées ;
4º Du produit des ressources créées à titre exceptionnel et, s'il y a lieu, avec l'agrément de l'autorité compétente.

Art. 10.

La dotation peut être employée en acquisitions d'immeubles ou en prêts hypothécaires, pourvu que le montant de ces prêts réuni aux sommes garanties par les autres inscriptions ou privilèges qui grèvent l'immeuble ne dépasse pas les deux tiers de sa valeur estimative.

MODIFICATION DES STATUTS ET DISSOLUTION

Art. 11.

Les présents statuts ne pourront être modifiés qu'après deux délibérations du Conseil, prises à deux mois d'intervalle et à la majorité des trois quarts des membres en exercice.

Art. 12.

En cas de dissolution, ou en cas de retrait de la reconnaissance de l'œuvre comme établissement d'utilité publique, le Conseil désigne un ou plusieurs commissaires chargés de la liquidation des biens de l'établissement. Il attribue l'actif net à l'Université de Paris pour les besoins de la Cité universitaire.

Ces délibérations sont adressées, sans délai, au président du Conseil de l'Université et au Ministère de l'Intérieur.

Dans le cas où le Conseil n'ayant pas pris les mesures indiquées. un décret interviendrait pour y pourvoir, les détenteurs de fonds, titres, livres et archives appartenant à la Fondation, s'en dessaisiront valablement entre les mains du commissaire liquidateur désigné par ledit décret.

Art. 13.

Les délibérations du Conseil prévues aux articles 11 et 12 ne sont valables qu'après l'approbation du Gouvernement.

RÈGLEMENT INTÉRIEUR ET SURVEILLANCE

Art. 14.

Un règlement adopté par le Conseil de la Fondation et approuvé par le ministre de l'Intérieur, après avis du ministre de l'Instruction publique, décerné sur le vu d'une délibération du Conseil de l'Université de Paris, arrête les conditions nécessaires pour assurer l'exécution des présents statuts.

Il peut toujours être modifié dans la même forme.

Art. 15.

Les ministres de l'Instruction publique et de l'Intérieur auront le droit de faire visiter par leurs délégués les divers services dépendant de l'établissement et de se faire rendre compte de leur fonctionnement.

CONVENTION

entre le recteur de l'Université de Paris et la Fondation Nationale pour le Développement de la Cité Universitaire

Entre le recteur de l'Académie de Paris, président du Conseil de l'Université de Paris, autorisé à cet effet par la délibération du Conseil en date du 23 février 1925;

D'une part,

Et MM. André Honnorat, David Weill et Jean Branet, fondateurs de l'établissement dit : « Fondation nationale pour le développement de la Cité universitaire de Paris », reconnu d'utilité publique par décret de M. le Président de la République en date du 6 juin 1925;

D'autre part,

Il a été convenu ce qui suit :

ARTICLE PREMIER.

Le recteur de l'Académie, président du Conseil de l'Université, confie à la Fondation nationale pour le développement de la Cité universitaire le soin :

1° De suivre les travaux en cours dans l'enceinte de la Cité universitaire;

2° D'émettre tous avis qu'elle jugera utiles sur les projets tendant à la concession par le Conseil de l'Université de terrains situés dans l'enceinte de la Cité universitaire;

3° De présenter au Conseil de l'Université les observations et propositions que comportent ces travaux ou ces projets.

ART. 2.

Le recteur de l'Académie, président du Conseil de l'Université, donne mandat à la Fondation :

1º De faire construire sur les terrains de la Cité universitaire, au moyen et dans la limite des ressources qu'elle est autorisée à recueillir à cette fin dans l'intérêt de l'Université, les bâtiments destinés aux services communs et, s'il est possible, de nouveaux bâtiments destinés au logement des étudiants;

2º De gérer les services communs de la Cité universitaire.

Art. 3.

La gestion des services communs de la Cité universitaire comporte, outre l'administration des divers services à installer dans les bâtiments que la Fondation assume la charge de faire construire et de remettre gratuitement à l'Université de Paris, la garde de la Cité, l'entretien de sa voirie, de ses clôtures, jardins, terrains de jeux, etc.

Art. 4.

L'Université s'engage à subroger la Fondation dans tous les droits qu'elle possède ou qu'elle pourra acquérir pour le libre fonctionnement de la Fondation dans les conditions prévues par ses statuts.

Art. 5.

La Fondation est autorisée, dans les limites permises par les contrats antérieurs, pour se couvrir de ses frais de gestion, à percevoir une redevance annuelle des diverses fondations de la Cité universitaire.

Elle est également autorisée à percevoir des étudiants un loyer pour le logement qui leur sera fourni ainsi que des redevances pour l'utilisation des services communs.

Le taux de ces loyers et redevances sera soumis à l'approbation du Conseil de l'Université qui fixera le point de départ de la perception.

Art. 6.

La Fondation est chargée d'assurer l'ordre dans la Cité universitaire.

A cet effet, un règlement sera élaboré par le Conseil de la Fondation, pour le fonctionnement des services communs de la Cité universitaire ainsi que des services et immeubles dont la Fondation a la gestion, et notifié à toutes les fondations après avoir été approuvé par le président du Conseil de l'Université.

Art. 7.

A l'exception du personnel propre à chaque fondation, les employés et agents de service de la Cité universitaire seront nommés et remplacés par le Conseil de la Fondation.

Un règlement approuvé par le Conseil de l'Université fixera les droits du Conseil de la Fondation au regard du personnel de chaque fondation.

Art. 8.

Sous la réserve des contrats existants, le Conseil de l'Université confie à la Fondation le soin de mettre à la disposition des étudiants les chambres vacantes depuis plus d'un semestre dans les bâtiments des différentes fondations, moyennant le paiement d'une indemnité égale au prix de la location demandée par ces fondations.

La désignation des étudiants sera faite conformément au règlement visé à l'article 10 ci-après.

Les dispositions du présent article ne sont pas applicables à la fondation Émile et Louise Deutsch de la Meurthe qui est régie par un statut spécial.

Art. 9.

Les plans et devis, ainsi que l'exécution de tous les projets visés à l'article 2 de la présente convention, devront être approuvés par le président du Conseil de l'Université.

Art. 10.

Le Conseil de l'Université confie à la Fondation le soin d'admettre les étudiants qui seront logés dans les bâtiments construits par elle.

Un règlement spécial, établi par le Conseil de l'Université après proposition du Comité de la Fondation, déterminera les conditions d'admission des étudiants dans les dits bâtiments.

Le règlement déterminera également, d'accord avec les autres fondations de la Cité universitaire, les conditions d'application de l'article 8 précité.

Art. 11.

En vue de faciliter la construction de logements à bon marché pour les étudiants français, la Fondation est autorisée, en tant que de besoin, à provoquer la constitution d'une société conforme aux dispositions de la loi du 5 décembre 1922.

Art. 12.

La présente convention aura une durée de trente années à compter de son approbation par le Conseil de l'Université.

Art. 13.

Les frais de timbre et d'enregistrement de la présente convention seront supportés par la Fondation.

Fait à Paris, le 20 juillet 1925.

PAUL APPELL.
ANDRÉ HONNORAT.
DAVID WEILL.
JEAN BRANET.

____

Le legs particulier est celui par lequel le testateur lègue à une personne quelque chose de particulier ou un corps certain ; une somme d'argent par exemple.

La formule à employer pour ce genre de legs est la suivante :

Je soussigné (nom, prénom, qualité et demeure),
Donne et lègue à l'Université de Paris, une somme de fr. . . . . .
qui sera employée à l'extension de l'œuvre de la Cité universitaire,
21, boulevard Jourdan, à Paris.

Le legs universel est la disposition testamentaire par laquelle le testateur donne à une ou plusieurs personnes l'universalité des biens qu'il laissera à son décès.

La formule à employer pour ce legs est la suivante :

J'institue pour mon légataire universel l'Université de Paris à laquelle je donne et lègue pour être employée à l'extension de l'œuvre de la Cité universitaire, 21, boulevard Jourdan, à Paris, la totalité des biens, meubles et immeubles qui composeront ma succession, sans aucune exception ni réserve, pour en jouir et disposer comme de chose lui appartenant en pleine propriété, à compter du jour de mon décès.

S'il est fait ensuite des legs particuliers, on ajoute :

A la charge par elle d'acquitter les différents legs ci-après : . . . . . .

Le legs peut également être fait à titre universel ; il comprend dans ce cas une quote-part des biens dont la loi permet de disposer, telle qu'une moitié, un tiers, un quart, ou tous ses immeubles, ou tout son mobilier.

La formule de ce legs est la suivante :

Je donne et lègue à l'Université de Paris, pour être employé à l'extension de l'œuvre de la Cité universitaire, 21, boulevard Jourdan, à Paris, le quart de tous les biens, meubles et immeubles qui composeront ma succession, sans aucune exception ni réserve, en quelque lieu qu'ils soient situés et pour quelque cause qu'ils soient dus, pour en jouir et disposer comme de chose lui appartenant en toute propriété et jouissance, à compter du jour de mon décès.

IMPRIMERIE CENTRALE DES CHEMINS DE FER

IMPRIMERIE CHAIX, RUE BERGÈRE, 20, PARIS. — 16093-10-25. — (Encre Lorilleux).

Je soussigné (nom, prénoms, domicile et qualité)

....

déclare faire un don manuel à l'UNIVERSITÉ DE PARIS, pour le compte de la FONDATION NATIONALE POUR LE DÉVELOPPEMENT DE LA CITÉ UNIVERSITAIRE DE PARIS, de la somme de Fr. .... que je lui remets ci-joint (en un chèque N° ....) sur la Banque ...., ou que je verse à son compte à la Banque de France, à Paris.

....

Je soussigné (nom, prénoms, domicile et qualité)

....

déclare faire un don manuel à l'UNIVERSITÉ DE PARIS, pour le compte de la FONDATION NATIONALE POUR LE DÉVELOPPEMENT DE LA CITÉ UNIVERSITAIRE DE PARIS, de la somme de Fr. .... que je lui remets ci-joint (en un chèque N° ....) sur la Banque ...., ou que je verse à son compte à la Banque de France, à Paris.